AF224411

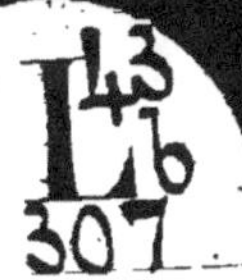

L43
L6
307

EXPLICATIONS

AU SUJET

DE LA COMMISSION MILITAIRE

INSTITUÉE EN L'AN XII,

POUR JUGER LE DUC D'ENGHIEN.

IMPRIMERIE DE J. TASTU,

RUE DE VAUGIRARD, N° 36.

EXPLICATIONS

OFFERTES AUX HOMMES IMPARTIAUX

PAR M. LE COMTE

HULIN,

AU SUJET

DE LA COMMISSION MILITAIRE INSTITUÉE EN L'AN XII

POUR JUGER

LE DUC D'ENGHIEN.

Deuxième Édition.

PARIS.

BAUDOUIN FRERES, LIBRAIRES,

RUE DE VAUGIRARD, N° 36.

1823

EXPLICATIONS

OFFERTES AUX HOMMES IMPARTIAUX,

PAR M. LE COMTE HULIN,

AU SUJET DE LA COMMISSION MILITAIRE INSTITUÉE
EN L'AN XII POUR JUGER LE DUC D'ENGHIEN.

———

La malheureuse affaire du DUC D'ENGHIEN m'a déjà causé près de vingt ans de profonds regrets!

Vieux aujourd'hui, frappé de cécité, retiré du monde, n'ayant pour consolation que les soins de la famille qui m'entoure, mes douleurs se sont accrues lorsque j'ai vu rappeler avec éclat des scènes qui, sans doute, n'avaient pu s'effacer de tous les souvenirs, mais qui du moins n'étaient l'objet d'aucune discussion publique.

Cependant, quoiqu'accablé dans le premier moment, j'ai ensuite béni la divine Providence, lorsque j'ai entrevu qu'elle m'offrait une occasion qui, jusque-là, m'avait toujours manqué, de donner à mes concitoyens des explications, sans qu'on pût m'accuser de manquer aux lois de la prudence et de la discrétion.

Qu'on ne se méprenne point sur mes intentions. Je n'écris point par peur, puisque ma personne est sous la protection des lois émanées du trône même, et que, sous le gouvernement d'un roi juste, je n'ai rien à redouter de la violence et de l'arbitraire. Mais j'écris pour satisfaire au besoin de ma conscience et aux intérêts de ma famille envers laquelle aussi j'ai des devoirs à remplir; j'écris pour dire la vérité, même en tout ce qui peut m'être contraire! Ainsi je ne prétends justifier ni la forme ni le fond du jugement, mais je veux montrer sous l'empire et au milieu de quel concours de circonstances il a été rendu; je veux éloigner de moi et de mes collègues, l'idée que nous ayons agi comme des hommes de parti. Si l'on doit nous blâmer encore, je veux aussi qu'on nous plaigne, et qu'on dise de nous : *Ils ont été bien malheureux!*

Le 29 ventose an XII, à sept heures du soir, je reçus l'avis de me rendre de suite

chez le gouverneur de Paris, le général Murat. Ce général m'ordonna de me transpor-
ter, dans le plus bref délai, au château de
Vincennes, en qualité de président d'une
commission qui devait s'y rassembler; et, sur
l'observation que j'avais besoin d'un ordre
de sa main, il ajouta : « Cet ordre vous sera
» envoyé avec l'arrêté du gouvernement,
» aussitôt votre arrivée à Vincennes. Partez
» promptement; à peine y serez-vous ar-
» rivé, que ces pièces vous parviendront. »
Telles furent ses propres expressions.

J'ignorais entièrement le but de cette commission. Long-temps après mon arrivée à
Vincennes, je l'ignorais encore. Les membres
qui devaient la composer avec moi arrivèrent
successivement aux heures différentes qui leur
avaient été indiquées par les ordres séparés
qu'ils avaient reçus. Interrogé par eux, *si
je savais pourquoi l'on nous rassemblait, je
leur répondis que je n'en étais pas plus ins-
truit qu'eux*. Le commandant même du château de Vincennes, M. Harel, me répondit,
sur la question que je lui fis à ce sujet, *qu'il*

ne savait rien, et ajouta, voyant ma surprise : *Que voulez-vous ? je ne suis plus rien ici ; tout se fait sans mes ordres et sans ma participation. C'est un autre qui commande ici.*

En effet la gendarmerie d'élite remplissait le château ; elle en avait occupé tous les postes, et les gardait avec tant de sévérité, qu'un des membres de la commission resta plus d'une demi-heure sous le guichet, sans pouvoir se faire reconnaître.

Un autre, ayant reçu l'ordre de se rendre de suite à Vincennes, sans autre explication, s'imagina qu'on l'y envoyait pour tenir prison.

Ainsi nous allions nous trouver juges dans une cause trop malheureusement célèbre, sans qu'aucun de nous y fût préparé !

Nous fûmes, vers les dix heures du soir, tirés de l'incertitude où nous étions, par la communication que je reçus des pièces suivantes, par ordonnance, de la part du général Murat. Ces pièces étaient celles dont j'ai déjà parlé :

1°. L'arrêté du gouvernement, daté du

29 ventose an XII, énonçant les charges contre le prévenu ;

2°. Un ordre du général en chef Murat, gouverneur de Paris, qui nommait les membres de la commission.

Je dois faire observer, sur la composition de cette commission, qu'elle n'avait rien d'extraordinaire. Elle était formée de colonels, commandant les différens corps alors en garnison à Paris. Cette mesure a été générale, et nous devons tous au hasard de notre séjour dans cette ville, le choix qui tomba sur nous.

La présidence appartenait de droit au plus élevé en grade. Voilà pourquoi je me trouvai président.

L'ordre du gouverneur de Paris portait que la commission se réunirait sur-le-champ pour juger sans désemparer. Mais l'interrogatoire auquel procédait le rapporteur n'ayant pu être terminé que vers le milieu de la nuit, ce fut aussi à cette heure-là seulement que la commission ouvrit sa séance.

Je dois observer que mes collègues et moi nous étions entièrement étrangers à la connaissance des lois. Chacun avait gagné ses grades sur le champ de bataille; aucun n'avait la moindre notion en matière de jugemens; et pour comble de malheur, le rapporteur et le greffier n'avaient guère plus d'expérience que nous.

La lecture des pièces donna lieu à un incident. Nous remarquâmes qu'à la fin de l'interrogatoire prêté devant le capitaine-rapporteur, le prince, avant de signer, avait tracé, de sa propre main, quelques lignes où il exprimait le désir d'avoir une explication avec le premier consul. Un membre fit la proposition de transmettre cette demande au gouvernement. La commission y déféra; mais au même instant le général qui était venu se poster derrière mon fauteuil, nous représenta que cette demande était *inopportune*. D'ailleurs nous ne trouvâmes dans la loi aucune disposition qui nous autorisât à surseoir. La commission passa donc

outre, se réservant, après les débats, de satisfaire au vœu du prévenu.

Plusieurs pièces étaient jointes au dossier :
des lettres interceptées, une correspondance
de M. Shée, alors préfet du Bas-Rhin, et
surtout un long rapport du conseiller d'État
Réal, où toute cette affaire, avec ses ramifi-
cations, était présentée comme intéressant
la sûreté de l'État et l'existence même du
gouvernement; en un mot, ce rapport contenait tout ce qui pouvait faire impression
sur nos esprits et nous porter à croire que
le salut de l'État dépendait du jugement qui
allait être rendu.

Je procédai à l'interrogatoire du prévenu; je dois le dire, il se présenta devant
nous avec une noble assurance, repoussa
loin de lui d'avoir trempé directement ni
indirectement dans un complot d'assassinat
contre la vie du premier consul; mais il
avoua aussi avoir porté les armes contre
la France, disant avec un courage et une
fierté qui ne nous permirent jamais, dans
son propre intérêt, de le faire varier sur

ce point, « qu'il avait soutenu les droits de
» sa famille, et qu'un Condé ne pouvait
» jamais rentrer en France que les armes
» à la main. Ma naissance, mon opinion,
» ajouta-t-il, me rendent à jamais l'ennemi
» de votre gouvernement. »

La fermeté de ses aveux devenait dé-
sespérante pour ses juges. Dix fois nous le
mîmes sur la voie de revenir sur ses décla-
rations; toujours il persista d'une manière
inébranlable. « Je vois, disait-il par inter-
» valle, les intentions honorables des mem-
» bres de la commission, mais je ne peux
» me servir des moyens qu'ils m'offrent. »
Et sur l'avertissement que les commissions
militaires jugeaient sans appel : « Je le sais,
» me répondit-il, et je ne me dissimule pas
» le danger que je cours; je désire seule-
» ment avoir une entrevue avec le premier
» consul. »

Que pouvaient faire les membres de la
commission?.... Qu'on se reporte à l'époque
où nous vivions.

Nous étions liés par nos sermens au gouvernement d'alors.

Nommés juges, il nous a fallu être jugés à peine d'être jugés nous-mêmes. Juges d'après des lois que nous n'avions pas faites, et dont nous étions malheureusement constitués les organes, pourquoi ces lois, interrogées par nous, ne nous ont-elles jamais répondu que par une peine cruelle qu'elles ne nous offraient aucun moyen d'adoucir?

Il fallait, dit-on, nous déclarer *incompétens.* —Pour cela, il eût fallu que le moyen eût été proposé. Nous n'étions pas jurisconsultes; pour nous, notre compétence semblait résulter du seul fait qu'un arrêté du gouvernement nous ordonnait de juger.

Il fallait, du moins, lui donner un défenseur, et tout ce que vous dites avoir ignoré aurait été plaidé pour le prince ! — Cette négligence extrême du capitaine-rapporteur aurait été réparée par moi, mais le prince n'avait pas demandé de défenseur, et aucun des membres ne me rappela ce devoir.

J'en dirai autant des illégalités de l'instruction et des vices que l'on reproche à la rédaction du jugement.

Seulement j'observerai, quant à la double minute, que l'estimable auteur *de la Discussion des actes de la commission militaire,* imprimée chez Baudouin frères, a ignoré un fait qui n'était pas écrit dans les pièces.

Le dossier qui lui a été communiqué, et qui n'a pu l'être que par celui que j'avais rendu, en 1815, dépositaire de mes papiers, était mon dossier particulier, et non le dossier officiel du gouvernement, qui devrait se trouver dans les archives de la guerre ou de la police, avec le rapport du conseiller d'État Réal et les autres documens, s'ils n'ont pas été soustraits.

Plusieurs rédactions furent essayées, entre autres celle qui a été publiée comme pièce du procès; mais après qu'elle eut été signée, elle ne nous parut pas régulière, et nous fîmes procéder à une nouvelle rédaction par le greffier, basée principalement sur le rapport du conseiller d'État Réal et les réponses du prince.

Cette seconde rédaction, qui constituait la *vraie minute*, aurait dû rester seule; l'autre aurait dû être anéantie sur-le-champ : si elle ne l'a pas été, c'est un oubli de ma part. Voilà l'exacte vérité.

Au surplus, il ne peut, en aucun cas, en résulter aucun reproche contre nous; et nous admettons volontiers à ce sujet le dilemme proposé par le *Journal des Débats*. C'est que, de toute manière, il ne pouvait pas être procédé de suite à l'exécution du jugement. On ne pouvait pas y procéder sur la première minute, car elle était incomplète, quoique signée de nous; elle contenait des blancs non remplis, et n'était pas signée du greffier. Ainsi le rapporteur et l'officier chargé de l'exécution n'auraient pu, sans prévarication, voir là un véritable jugement. Et quant à la seconde rédaction, la seule vraie, comme elle ne portait pas l'ordre *d'exécuter* de suite, mais seulement de *lire* de suite le jugement au condamné, l'exécution de suite ne serait pas le fait de la commission, mais seulement de ceux qui auraient pris sur leur responsabilité propre de brusquer cette fatale exécution.

Hélas! nous avions bien d'autres pensées! A peine le jugement fut-il signé que je me mis à écrire une lettre dans laquelle, me rendant en cela l'interprète du vœu unanime de la commission, j'écrivais au premier consul pour lui faire part du désir qu'avait témoigné le prince d'avoir une entrevue avec lui, et aussi pour le conjurer de remettre une peine que la rigueur de notre position ne nous avait pas permis d'éluder.

C'est à cet instant qu'un homme qui s'était constamment tenu dans la salle du conseil, et que je nommerais à l'instant, si je ne réfléchissais que, même en me défendant, il ne me convient pas d'accuser.... « Que faites-
» vous là, me dit-il, en s'approchant de
» moi? — J'écris au premier consul, lui ré-
» pondis-je, pour lui exprimer le vœu du
» conseil et celui du condamné. — Votre
» affaire est finie, me dit-il, en reprenant la
» plume : maintenant cela me regarde. »

J'avoue que je crus, et plusieurs de mes collègues avec moi, qu'il voulait dire : *Cela me regarde d'avertir le premier consul.* La réponse, entendue en ce sens, nous laissait l'espoir que l'avertissement n'en serait pas moins donné. Je me rappelle seulement le sentiment de dépit que j'éprouvai de me voir enlever ainsi par un autre la plus belle prérogative d'une fonction qui est toujours si pénible.

Et comment nous serait-il venu à l'idée que qui que ce fût, auprès de nous, avait l'ordre de négliger les formalités voulues par les lois ?

Je m'entretenais de ce qui venait de se passer sous le vestibule contigu à la salle des délibérations. Des conversations particulières s'étaient engagées; j'attendais ma voiture qui, n'ayant pu entrer dans la cour intérieure, non plus que celle des autres membres, retarda mon départ et le leur. Nous étions nous-mêmes enfermés, sans que personne pût communiquer au-dehors, lorsqu'une explosion se fit entendre !........ bruit terrible qui retentit au fond de nos ames, et les glaça de terreur et d'effroi !

Oui, je le jure au nom de tous mes collègues ! cette exécution ne fut point autorisée par nous : notre jugement portait qu'il en serait envoyé une expédition au ministre de la guerre, au grand-juge, ministre de la justice, et au général en chef, gouverneur de Paris.

L'ordre d'exécution ne pouvait être régulièrement donné que par ce dernier ; les copies n'étaient point encore expédiées ; elles ne pouvaient pas être terminées avant qu'une partie de la journée ne fût écoulée. Rentré dans Paris, j'aurais été trouver le gouverneur, le premier consul, que sais-je ?..... Et tout-à-coup un bruit affreux vient nous révéler que le prince n'existe plus !

Nous ignorons si celui qui a si cruellement précipité cette exécution funeste avait des ordres. S'il n'en avait point, lui seul est responsable ; s'il en avait, la commission étrangère à ces ordres, la commission tenue en charte privée, la commission dont le dernier vœu était pour le salut du prince, n'a pu ni en prévenir ni en empêcher l'effet. On ne peut l'en accuser !

Je le répète encore, que je suis malheureux ! Vingt ans écoulés n'ont point adouci l'amertume de mes regrets ! Mes aveux sont sans faiblesse ; ils perdraient toute leur valeur s'ils étaient dépourvus de toute dignité. Que l'on m'accuse d'ignorance, d'erreur, j'y consens ; qu'on me reproche une obéissance à laquelle aujourd'hui je saurais bien me soustraire dans de pareilles circonstances ; mon attachement à un homme que je croyais destiné à faire le bonheur de mon pays ; ma fidélité à un gouvernement que je croyais légitime alors , et qui était en possession de mes sermens........ ; mais que l'on me tienne compte, ainsi qu'à mes collègues, des circonstances fatales au milieu desquelles nous avons été appelés à prononcer, que l'on dise de nous : *Ils furent bien malheureux!*

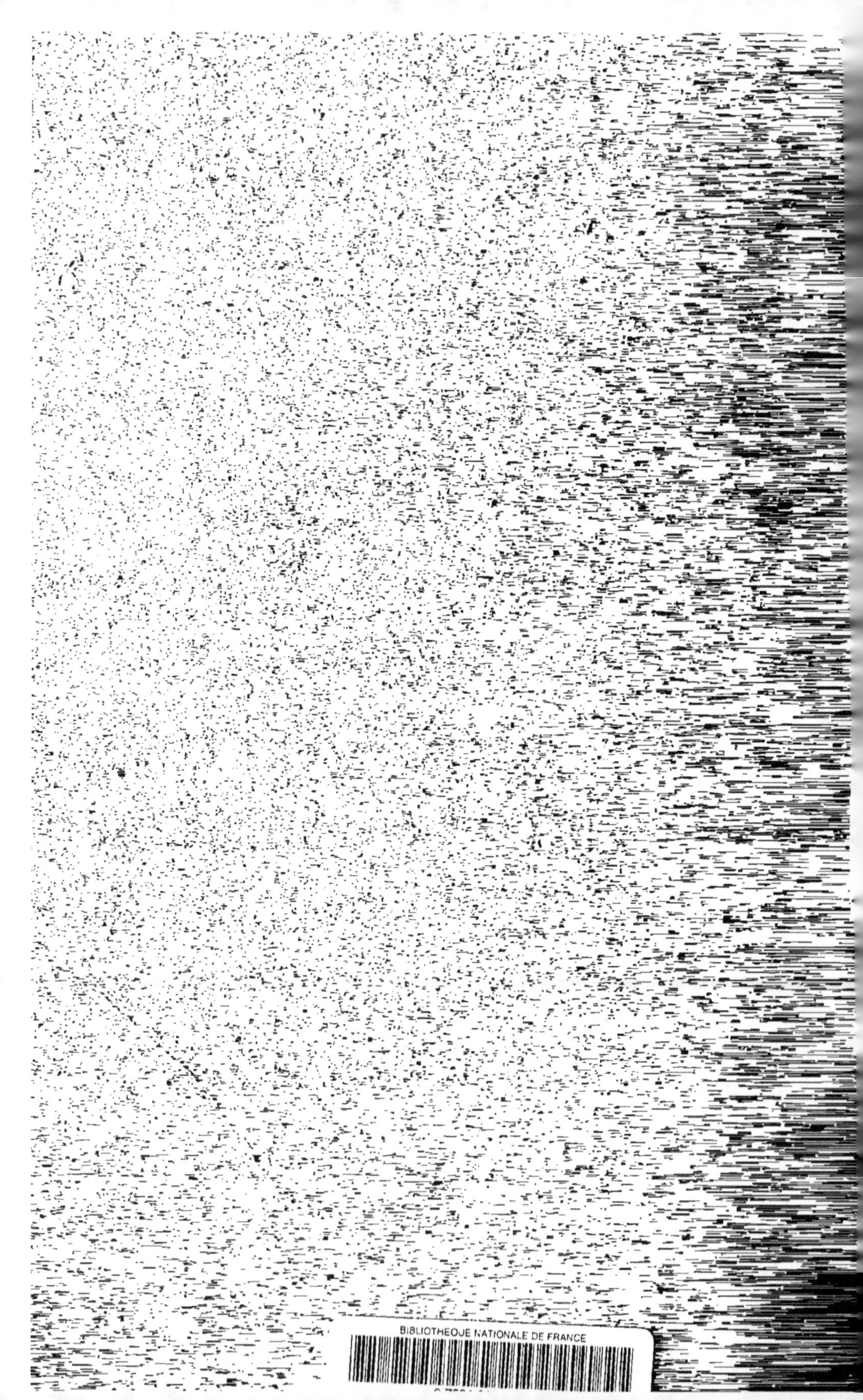